MACPHERSON

MAGAZINE chefs

RECETA CREMA DE ESPÁRRAGOS CON CECINA Y YEMA DE HUEVO CURADA

Joaquín Palazuelos

UN LIBRO MACPHERSON MAGAZINE

https://macphersonmagazineeditorial.com

Título original: Macpherson Magazine Chef's - Receta Crema de espárragos con cecina y yema de huevo curada

Receta de: Joaquín Palazuelos

MACPHERSON MAGAZINE

DISEÑO Macpherson Magazine   DIRECTOR ARTÍSTICO Macpherson Magazine

JEFE EDITORIAL Macpherson Magazine DIRECTOR EDITORIAL Javier Rodríguez Macpherson

CONTROL DE PRODUCCIÓN
Macpherson Magazine

MACPHERSON MAGAZINE

EDITOR ARTÍSTICO Macpherson Magazine
EDITOR EJECUTIVO Macpherson Magazine

Publicado originalmente en España en 2019 y revisado en 2019.
Esta edición: publicada en 2019 por
Macpherson Magazine, Barcelona

Publicación de Editorial Macpherson Magazine, Inc.

www.macphersonmagazineeditorial.com

Crema de espárragos con cecina y yema de huevo curada

Esta crema de espárragos lo tiene todo para que después de acabarte el plato solo pienses en una cosa... en volver a preparar la receta.

Preparación: 50 min   **Dificultad:** Fácil   **Personas:** 6-8

Llega el invierno y he de reconocer que el cuerpo me pide cuchara. Pero no solo legumbres, cocidos y potajes, también reconfortan sobremanera en estas fechas todo tipo de sopas y cremas, como esta crema de espárragos que vamos a preparar a continuación.

* O en su defecto agua con media pastilla de caldo concentrado

Ingredientes

- Espárragos blancos, 300 g
- Líquido de la conserva de los espárragos, 150 ml
- Cebolleta, 1
- Puerros, 2
- Patata pequeña, 1
- Huevos L, 2
- Nata líquida, 100 ml
- Quesitos en porciones, 2
- Cecina cortada lonchas, 50 g
- Caldo de carne o de ave*, 300 ml
- Una nuez de mantequilla
- Aceite de oliva virgen extra
- Una pizca de sal
- Pimienta negra recién molida

01: Marinamos las yemas de huevo para que se curen

En un recipiente hondo mezclamos sal y azúcar a partes iguales. Una vez realizada la mezcla, retiramos la mitad de la misma aproximadamente a otro recipiente.

Separamos las yemas de las claras, con la ayuda de las manos (bien limpias), y las posamos encima de la mezcla de sal y azúcar con muchísimo cuidado, para que no se nos revienten. Las cubrimos también con mucha delicadeza con el resto de la mezcla para marinar que habíamos apartado previamente.

Dejaremos las yemas marinar unos 50 minutos aproximadamente.

02: Hacemos los crujientes con la cecina

En segundo lugar vamos a deshidratar la cecina para hacer unos crujientes con ella con los que dar el acabado final al plato.

Posamos una lámina de papel de hornear sobre la bandeja del horno y colocamos encima de ella las lochas de cecina, dispuestas de manera que queden separadas unas de otras. Colocamos otra lámina de papel de hornear sobre la cecina y presionamos con las manos.
Ahora nos hace falta colocar encima de nuestra cecina algo que actúe como peso y que ayude a que la cecina mantenga la forma y no se arrugue demasiado durante su secado en el horno. Como peso podemos poner otra bandeja, una olla grande o cualquier cosa que se nos ocurra cuyo fondo alcance a presionar toda la superficie que ocupe la cecina. Eso sí, evitad ocurrencias estrambóticas y tened en cuenta que ese peso que coloquemos debe a la vez soportar el calor del horno sin problemas, así que no vayáis a meter ahí lo primero que os pase por la vista.

Introducimos la cecina en el horno previamente precalentado a 120° C y dejamos que se deshidrate en el horno durante 20 minutos aproximadamente. Dejamos que la cecina se enfríe a temperatura ambiente para que termine de adquirir la textura cristalizada y crujiente que buscamos.

03: Preparamos el sofrito de nuestra crema de espárragos con cecina y yema de huevo curada

A continuación, comenzamos a preparar el sofrito de nuestra crema de espárragos blancos. Para ello añadimos al fondo de una olla una nuez de mantequilla y una cucharada sopera de aceite de oliva virgen extra y cocinamos en esa grasa el puerro y la cebolleta cortados en juliana fina. Rehogaremos la verdura a fuego muy suave para que se cocine poco a poco y sude lentamente 'en blanco', sin que nos coja color ni nos caramelicen los azúcares que suelte la verdura al pochar.

Tras 15-20 minutos la verdura estará bien cocinada y habrá perdido la mayor parte de su propio agua, momento en el que debemos agregar un poco de sal. Añadimos también los espárragos blancos en conserva troceado y el líquido de gobierno de la conserva. Agregamos también la patata, cortada en trozos finos para que su cocción no se demore en exceso.

04: Cocinamos la crema de espárragos y la trituramos

Salpimentamos ligeramente. Debemos ser muy prudentes con la sal, ya que tenemos que contar con la presencia en esta receta de la cecina deshidratada, la cual está bastante subida de sazón.

Cocemos nuestra crema de espárragos blancos durante 30 minutos a fuego medio-bajo. Unos 5 minutos antes de finalizar la cocción de nuestra crema de espárragos añadimos la nata líquida y terminamos de cocer la crema con ella.

Una vez cocinada la crema de espárragos, retiramos del fuego y añadimos los quesitos en porciones. Trituramos la crema y colamos para que la crema de espárragos quede bien fina y suave. Rectificamos el espesor de la crema de espárragos si fuera necesario.

05: Aclaramos las yemas de huevo curadas

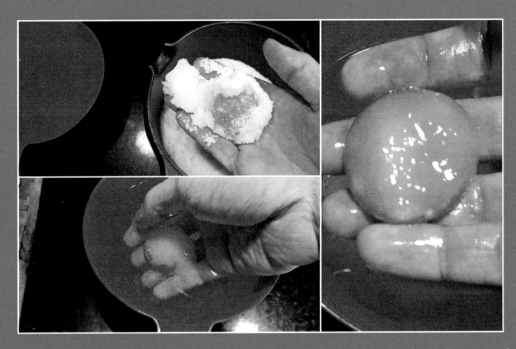

Sacamos con mucho cuidado las yemas de la marinada con la ayuda de las manos. Las sumergimos completamente en un recipiente de agua, con mucho cuidado ya que aún estando curadas siguen siendo muy delicadas y líquidas en su interior. Retiramos toda la mezcla de sal y azúcar de las yemas.

Emplatamos la crema de espárragos caliente o templada en un plato hondo, con los crujientes de cecina colocados en vertical en el centro del plato y el polvo de cecina (obtenido de los propios crujientes desmenuzados con las manos) espolvoreado por encima de la crema. Terminamos de emplatar nuestra crema de espárragos con cecina y yema de huevo curada colocando la yema de huevo marinada sobre la crema, en el centro del plato.

Servimos la crema de espárragos con los crujientes de cecina y con la yema de huevo curada.

Resultado

Hemos preparado en un pispás una deliciosa crema de espárragos sin apenas esfuerzo y con ingredientes accesibles para todo el mundo.

Como alternativa a estos crujientes de cecina podéis preparar unas tejas con un buen jamón o incluso con bacon, siguiendo prácticamente el mismo proceso. De todos modos, os invito a que introduzcáis la cecina en vuestra dieta. Es un producto excepcional, increíblemente sano y totalmente artesanal cuya presencia en todo tipo de platos hace deleitarse hasta a los paladares más exigentes.

Por otra parte, si no os queréis liar la manta a la cabeza para hacer los crujientes, ya sean de cecina o de jamón, siempre podéis prepararlos de manera mucho más sencilla en el microondas. Nada más fácil, colocamos sobre un plato un trozo de papel de cocina y sobre el papel las lonchas que queramos deshidratar. Tapamos de nuevo con papel de cocina y colocamos otro plato encima que actúe como peso. Introducimos en el microondas a máxima potencia durante 50-60 segundos.

Sin embargo, debemos tener en cuenta que la cecina es un producto ya salado de por sí que al deshidratarse pierde agua y su concentración en sal aumenta más aún, por lo que no conviene secarla en exceso ya que adquiriría un regusto extraño además de muy salado. Si la deshidratamos en el horno el secado será menos agresivo y nuestros crujientes tendrán mucho mejor resultado.

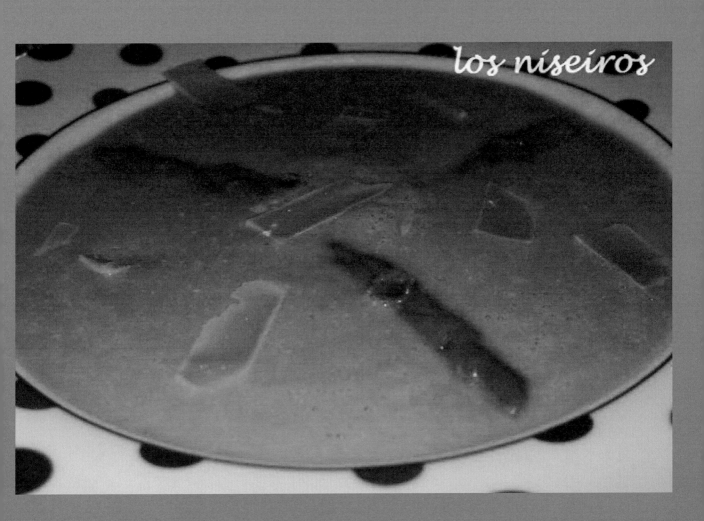

los niseiros

La Editorial Macpherson Magazine trae un nuevo libro, pero esta vez un libro de recetas o guía. Para poder hacer Crema de espárragos con cecina y yema de huevo curada, se mostrara paso a paso y con fotografías. Macpherson Magazine a partir de ahora, lanzará un libro de recetas de cada comida.

Lightning Source UK Ltd.
Milton Keynes UK
UKRC020920081019
351188UK00009B/114